세상을 향하는 제자훈련의 시작
인대인 스타터

이론편

세상을 향하는 제자훈련의 시작
인대인 스타터
이론편

© 생명의말씀사 2020

2020년 2월 3일 1판 1쇄 발행

펴낸이 ㅣ 김재권
펴낸곳 ㅣ 생명의말씀사

등록 ㅣ 1962. 1. 10. No.300-1962-1
주소 ㅣ 서울시 종로구 경희궁1길 5-9(03176)
전화 ㅣ 02)738-6555(본사)·02)3159-7979(영업)
팩스 ㅣ 02)739-3824(본사)·080-022-8585(영업)

지은이 ㅣ 박광리

기획편집 ㅣ 서정희, 유영란
디자인 ㅣ 김혜진
인쇄 ㅣ 예원프린팅
제본 ㅣ 정문바인텍

ISBN 978-89-04-13222-5 (03230)

저작권자의 허락없이 이 책의 일부 또는 전체를
무단 복제, 전재, 발췌하면 저작권법에 의해 처벌을 받습니다.

인대인 제자훈련의 성경적 토대
Starter

세상을 향하는 제자훈련의 시작
인대인 스타터

CONTENTS

	인대인을 시작하기 전에	• 6
1강	하나님의 관심, 사람	• 12
2강	사람에게 보내시는 하나님	• 24
3강	경계선을 넘는 사람들	• 36
4강	사람들 속에서 함께 살기	• 48
5강	사람들 속에서 한결같기	• 60
6강	모든 사람을 평등하게	• 70
	이제 인대인을 향해	• 82

인대인을 시작하기 전에

세상으로 보내심을 받은 성도들

"하나님 나라의 사람은 먼저 하나님 나라와 그의 의를 구한다. 그러나 교회에만 속한 사람은 교회를 세우기 위해 때로 의와 자비와 진리를 간과한다. 교회에 속한 사람은 어떻게 하면 사람들을 교회로 끌어들일까를 생각한다. 그러나 하나님 나라의 사람은 어떻게 하면 사람들을 세상으로 내보낼까를 생각한다. 교회에 속한 사람은 세상이 교회를 변화시킬까 봐 염려한다. 그러나 하나님 나라의 사람은 어떻게 하면 교회가 세상을 변화시킬 수 있을지를 고민한다."

_ 하워드 스나이더(Howard Snyder), 『참으로 해방된 교회』(Liberating the Church)

교회는 예수님을 머리로 삼고 따르는 몸이다. 교회는 예수님을 따르려는 성도들의 모임이며, 그 성도들을 양육하고 훈련하는 중심이다.

또한 교회는 하나님이 세상을 구원하기 위해 사용하시는 아름다운 수단이다. 하나님은 세상을 사랑하셔서 세상을 구원하기 위해 예수 그리스도를 이 땅에 보내셨다. 그분은 먼저 구원받은 자들의 공동체인 교회를 통해, 그 구원이 세상 끝까지 확장되기를 원하신다.

다시 말해 교회는 세상으로 나아갈 목적을 위해 하나님께 부르심을 받은 공동체이다.

그러기에 교회는 참으로 소중하다. 그런데 교회가 너무 소중한 나머지 그저 교회로 모이는 것만을 강조하는 경우가 많다. 그러나 세상으로 나가 그 가운데서 그리스도인으로 살아내는 것 역시 교회가 감당해야 할 매우 중요한 역할이다.

신앙은 교회 안에만 있지 않다. 교회 안팎의 삶 전체를 아우를 때 진짜 신앙이 된다.

인대인 제자훈련의 목적

인대인은 교회 안과 밖에서 일치된 삶을 살아가는 성도를 만들기 위한 훈련이다.

우리는 교회 안에서뿐만 아니라 세상 속에서도 수많은 만남 가운데 살아간다. 우리가 매일 만나는 사람이 누구든 간에 그 한 사람을 존귀하게 여기는 것, 이것이 그리스도인의 삶의 방식이라 할 수 있다.

'인대인 삶 바꾸기' 과정은 교회 안에서뿐만 아니라 교회 밖에서 만나는 사람도 마땅히 사랑받아야 할 존재로 여기고, 모든 사람을 어떻게 사랑하며 섬길지 고민하고 실천하도록 돕는 데 목적이 있다.

교회는 구원받은 자들끼리 모여서 복음을 누리기만 하라고 부르심을 받은 공동체가 아니다. 교회는 '복음을 누릴 뿐 아니라 세상으로 그 복음을 누리게 할 책임'을 부여받았다. 다시 말해 교회는 함께 모여 복음을 누리는 공동체이면서 동시에 세상으로 흩어져 사람들로 복음을 누리도록 해야 하는 소명의 공동체이다.

'우리 교회부터 잘 되어야 세상 사람들도 도울 수 있다'고 생각하는가? 그렇다면 세상을 사랑하기 위해 흩어지는 교회의 사명을 평생 감당할 수 없을 것이다. 이제 교회는 '세상 속에서 세상을 위해 존재하는 하나님의 제사장'이라는 성경적 소명 위에 세워져야 한다.

모든 그리스도인은 교회의 울타리를 넘어 하나님이 구원하기 원하시는 세상으로 보내심을 받은 자들이다. '인대인 삶 바꾸기' 과정을 통해 세상 속에서 예수님을 따르는 제자들, 삶이 전도가 되는 전도자들이 세워지기를 소망한다.

『인대인 스타터』가 필요한 이유

『인대인 스타터』는 '인대인 삶 바꾸기' 과정을 시작하는 성도들이 꼭 알아야 할 성경적 토대를 제공한다.

교회 안에만 머물며 신앙생활을 해 온 성도들에게 교회 밖은 낯선 곳이다. 그래서 세상으로 나가는 것에 두려움을 가진 분도 있을 수 있다. 그러나 세상으로의 보내심은 성도 개인의 취향이나 선택의 문제가 아니다. 매우 성경적인 신앙의 본질이다.

『인대인 스타터』는 하나님이 사랑하신 세상(요 3:16)과 그 사랑 때문에 세상에 오신 예수님(요 1:14) 그리고 하나님이 예수님을 보내셨듯 우리도 세상으로 보내겼음(요 20:21)을 분명하게 알게 하는 데 목적이 있다.

그래서 본 교재는 성경에서부터 출발하려고 한다. 하나님 자녀의 모든 삶은 성경 말씀에 근거해야 한다. 그러므로 하나님의 말씀에 근거해, 하나님이 사람을 어떻게 부르셨으며 또 어떻게 보내고 계신지를 알아볼 것이다. 『인대인 스타터』를 통해 '사람'을 향한 하나님의 관심을 배우고, 교회 안에만 머무는 것이 아니라 경계를 넘어 세상으로 나아가는 우리가 되기를 소망한다.

『인대인 스타터』는 누구에게 필요한가?

- 교회만 다니는 것이 아닌 진정으로 예수님을 따르기 원하는 그리스도인

- 일상생활에서 소명을 따라 사는 것이 무엇인지 그 의미를 알기 원하는 그리스도인
- 선교적 삶을 성경적으로 정리하고, 실천을 모색하려는 그리스도인
- 성도들의 선교적 여정을 돕기 원하는 교회의 사역자와 지도자들
- '인대인 삶 바꾸기' 과정을 시작하고자 하는 모든 그리스도인

어디에서 활용할 수 있을까?

- 소그룹 : 성도와 교회의 정체성에 대해 성경적으로 배우고, 무엇을 실천할 수 있을지 고민하는 모임에서
- 교회 리더십 : 세상으로 보내심을 받은 교회로서 변화되기를 소망하며 '인대인'을 공부하려는 모임에서
- 교역자 : 교회 공동체를 건강하게 개척하거나 갱신하기 위해 '인대인' DNA를 개발하고자 하는 모임에서

"인대인은 실천 없는 성도들을 움직이게 하는 것이다. 교회 안에만 있으려는 사람들을 교회 밖으로 내모는 것이다. 끼리끼리 모여 있는 성도들을 흩어 세상 속의 좋은 사회인으로 만드는 것이다. 이론이 아닌 마음을 담게 하는 것이고, 사람이 가장 소중하다는 것을 삶으로 살게 하는 것이다."
_ 김민정, 박광리, 진영훈, 『모든 성도는 이제 인대인이다!』

다음 주 독서 『모든 성도는 이제 인대인이다!』 6-29쪽을 읽어 오십시오.
(김민정, 박광리, 진영훈 저/생명의말씀사, 2019)

1강

하나님의 관심, 사람

인류를 구원하기 원하시는 하나님의 꿈

S T A R T E R

하나님의 관심은 온통 사람이다.

하나님은 모든 인류를 사랑하셔서 죄로부터 구원하여 하나님의 자녀 삼기 원하신다. 온 인류가 구원에 이르도록 하는 것이 하나님의 꿈이다. 그 사람이 누구든 상관없다. 모든 사람은 예외 없이 하나님의 꿈 안에 들어 있다. 하나님의 사랑에는 예외가 없다.

하나님은 **"그 해를 악인과 선인에게 비추시며 비를 의로운 자와 불의한 자에게 내리시는"**(마 5:45) 분이다. 또 **"하나님은 모든 사람이 구원을 받으며 진리를 아는 데에 이르기를 원하신다"**(딤전 2:4).

성경은 인류의 구원을 위해 태초부터 준비된 하나님의 선물에 대한 이야기이다. 모든 사람은 이 이야기에 귀를 기울여야 한다. 그 안에 내가 사는 법이 있기 때문이다.

'모든 사람은 이처럼 하나님께 사랑받는 존재'라는 것을 우리는 알아야 한다.

- 신앙생활을 하면서 무엇에 가장 많은 관심을 가지는가? 다른 사람에게는 얼마나 관심을 가지는가?

_____

_____

_____

"하나님께 냉장고가 있다면, 거기에 당신의 사진을 붙여 놓으실 것입니다. 그분께 지갑이 있다면, 그 안에 당신의 사진을 넣고 다니실 것입니다. 매년 봄마다 당신을 위해 꽃을 피우시고, 아침마다 해를 선물하십니다. 당신이 이야기하고 싶을 때면 그분은 언제든지 들으십니다. 그분은 이 우주 어느 곳에라도 계실 수 있지만, 굳이 당신의 마음에 들어가기로 결정하셨습니다. 잊지 마십시오. 지금 그분은 당신을 미치도록 사랑하신다는 것을"

_ 맥스 루케이도(Max Lucado), 『곤고한 날의 은혜』(Grace for the Moment)

- 하나님이 나를 사랑하신다고 믿는가? 하나님은 그 사랑을 세상 모든 다른 사람에게도 주기 원하신다는 사실에 대해 어떻게 생각하는가?

_____

_____

_____

_____

_____

성경에 비추어 보기

1. 하나님의 모습을 주신 사랑

창세기 1장 27절
²⁷하나님이 자기 형상 곧 하나님의 형상대로 사람을 창조하시되 남자와 여자를 창조하시고

창세기 2장 7-8절
⁷여호와 하나님이 땅의 흙으로 사람을 지으시고 생기를 그 코에 불어넣으시니 사람이 생령이 되니라 ⁸여호와 하나님이 동방의 에덴에 동산을 창설하시고 그 지으신 사람을 거기 두시니라

- 하나님이 자신의 형상대로 사람을 지으시고 그 코에 생기, 곧 하나님의 영을 부어주셨다는 말씀에서 하나님의 어떤 마음을 발견할 수 있는가?

- 하나님은 사람을 먼저 창조하신 후 에덴동산을 만들지 않으시고, 에덴동산이라는 완벽한 환경을 준비하신 후 사람을 창조하셨다. 왜 그러셨을까?

사랑 그 자체이신 하나님은 손수 창조하신 사람을 사랑하셔서 사람에게 자기 형상을 주셨다. 다시 말해 자신과 동일시할 수 있는 신적인 존재로 사람을 창조하셨다. 하나님은 자기 형상을 가진 사람이 부족함 없이 지낼 수 있도록 그를 가장 좋은 곳에 두시고, 그가 살아가기에 조금도 모자람 없이 모든 것을 예비하셨다.

2. 하나님의 아들을 주신 사랑

로마서 5장 12-16절(새번역)

[12] 그러므로 한 사람으로 말미암아 죄가 세상에 들어왔고, 또 그 죄로 말미암아 죽음이 들어온 것과 같이, 모든 사람이 죄를 지었기 때문에 죽음이 모든 사람에게 이르게 되었습니다. [13] 율법이 있기 전에도 죄가 세상에 있었으나, 율법이 없을 때에는 죄가 죄로 여겨지지 않았습니다. [14] 그러나 아담 시대로부터 모세 시대에 이르기까지는 아담의 범죄와 같은 죄를 짓지 않은 사람들까지도 죽음의 지배를 받았습니다. 아담은 장차 오실 분의 모형이었습니다. [15] 그러나 하나님께서 은혜를 베푸실 때에 생긴 일은, 아담 한 사람

이 범죄 했을 때에 생긴 일과 같지 않습니다. 한 사람의 범죄로 많은 사람이 죽었으나, 하나님의 은혜와 예수 그리스도 한 사람의 은혜로 말미암은 선물은, 많은 사람에게 더욱더 넘쳐나게 되었습니다. ¹⁶또한, 하나님께서 주시는 선물은 한 사람의 범죄의 결과와 같지 않습니다. 한 범죄에서는 심판이 뒤따라서 유죄 판결이 내려졌습니다마는, 많은 범죄에서는 은혜가 뒤따라서 무죄 선언이 내려졌습니다.

- 아담과 하와가 하나님이 금하신 열매를 먹은 결과, 인류에 죄와 죽음이 들어왔다. 그런데 아담과 하와가 죄를 지었을 때 하나님은 바로 '은혜를 선포'하셨다(참조, 창 3:14-15). 인류를 구원하기 위한 계획을 바로 선포하신 것이다. '은혜'란 무엇인가?

- 타락한 인간은 스스로는 하나님께 돌아올 수 없는 존재가 되었다. 인간은 스스로 죄를 해결할 능력을 단 1%도 갖고 있지 못하다. 이렇게 하나님을 떠나 타락한 사람에게 하나님이 은혜를 베푸시는 이유는 무엇일까?(참조, 요 3:16-17)

은혜는 보상과 다르다. 은혜는 내가 무언가를 했기 때문에 따라오는 결과가 아니다. 은혜는 그저 '주어지는 것'이다. 그렇다면 어떤 은혜가 우리에게 주어졌는가? 바로 죽을 사람을 살리는 놀라운 선물이 우리에게 주어졌다.

죽음을 생명으로 뒤바꿀 수 있는 분은 오직 하나님 한 분뿐이시다. 그 하나님이 인간이 되셔서 이 땅에 오셨다. 그분이 바로 예수 그리스도이시다. 그리고 그분이 곧 은혜이다.

구원은 하나님이 사람을 향한 사랑으로 이루신 일이다. 그리고 우리는 은혜로 구원을 얻는다.

3. 모든 차별을 이기신 사랑

마태복음 5장 43-48절

43 또 네 이웃을 사랑하고 네 원수를 미워하라 하였다는 것을 너희가 들었으나 44 나는 너희에게 이르노니 너희 원수를 사랑하며 너희를 박해하는 자를 위하여 기도하라 45 이같이 한즉 하늘에 계신 너희 아버지의 아들이 되리니 이는 하나님이 그 해를 악인과 선인에게 비추시며 비를 의로운 자와 불의한 자에게 내려주심이라 46 너희가 너희를 사랑하는 자를 사랑하면 무슨 상이 있으리요 세리도 이같이 아니하느냐 47 또 너희가 너희 형제에게만 문안하면 남보다 더하는 것이 무엇이냐 이방인들도 이같이 아니하느냐 48 그러므로 하늘에 계신 너희 아버지의 온전하심과 같이 너희도 온전하라

- 과거에 들은 율법의 내용과 예수님의 가르침은 어떻게 다른가?(43-44절)

- 이 말씀에서 하나님이 우리에게 주시는 메시지는 무엇인가?
  (참조, 눅 10:25-37)

하나님의 사랑에는 차별이 없다. 나 같은 죄인이 구원받은 이유도 차별 없이 주시는 하나님의 은혜 덕분이다.

사람은 친한 사람과 친하지 않은 사람을 본능적으로 구분한다. 우리는 사람에 대한 차별이 있다. 소위 코드에 맞는 사람과 어울리기를 좋아한다. 그러나 하나님이 원하시는 그리스도인의 모습은 '이웃의 대상을 넓히는 것'이다. 하나님은 우리가 더 많은 이웃과 더불어 살기 원하신다.

1강을 마무리하며

어느 시간 관리 전문가가 대학에서 강의를 하게 되었다. 그는 큰 컵과 큰 돌, 작은 돌, 모래, 물을 가지고 강의실에 들어왔다. 그는 컵에 가장 먼저 큰 돌을 넣은 다음, 작은 돌과 모래를 순서대로 넣었다. 그러자 컵은 작은 빈틈까지 꽉 채워졌다. 그는 학생들에게 물었다. "어떻습니까? 컵이 다 채워진 것 같습니까?" 학생들은 물을 더 넣을 수 있다고 대답했다. 그는 마지막으로 물을 컵에 부은 다음, 이 강의의 의미가 무엇인지 물었다. 학생들은 대부분 "스케줄이 꽉 찬 것 같아도 자투리 시간이 있으니 그것까지 잘 활용해야 한다는 교훈"이라고 말했다. 그가 대답했다. "아닙니다. 제가 여러분에게 보여 주고 싶었던 것은, 큰 돌을 가장 먼저 넣지 않는다면, 큰 돌을 넣을 기회가 영원히 없으리라는 것입니다. 물과 모래와 작은 돌로 가득한 컵에는 더 이상 큰 돌이 들어갈 자리가 없습니다. 여기서 '큰 돌'은 인생에 있어 '가장 중요한 일들'을 말합니다."

- 이 이야기를 읽으며 느낀 점은 무엇인가? 신앙에서 무엇이 가장 큰 돌이라고 생각되는지 적어 보자.

삶을 마감하며 자신이 살아온 날을 전혀 후회하지 않을 사람이 있을까? 오츠 슈이치는 『죽을 때 후회하는 스물다섯 가지』라는 책에서 죽음을 앞둔 사람들이 하는 첫 번째 후회로, 사랑하는 사람에게 더 많이 고마움을 표현하지 못한 것을 소개하고 있다. 즉, 관계 속에서의 후회를 첫 번째로 꼽은 것이다.

그런데 성경은 후회하지 않고 삶을 마치신 유일한 분을 소개한다. 바로 예수님이시다.

> "예수께서 신 포도주를 받으신 후에 이르시되 다 이루었다 하시고 머리를 숙이니 영혼이 떠나가시니라"(요 19:30).

여기서 주목해야 할 단어는 바로 "다 이루었다"(테텔레스타이)이다. 이 단어에 쓰인 헬라어 동사는 '텔레이'인데, 어떤 목적대로 이루거나 완성되었음을 표현할 때 쓴다. 특히 "다 이루었다"의 헬라어는 완료형이면서 수동태이다. 다시 말해 그 죽음의 순간에 예수님이 오신 목적이 완성되었을 뿐 아니라, 하나님 아버지의 뜻이 예수님을 통해 이루어졌다는 뜻이다.

예수님은 자신이 하나님이심을 증명하기 위해 이 땅에 오신 것이 아니다. 예수님은 사람을 살리기 위해 죄인의 몸을 입고 오셨다. 그토록 인류를 구원하기 원하셨던 하나님의 사랑을 이루기 위한 종으로 이 땅에 오셨다.

후회하지 않는 그리스도인의 삶은 결국 하나님의 눈으로 사람을 사랑할 때만 가능하다. 사람을 사랑하지 않으면 아무것도 아니다.

고린도전서 13장 1-3절(공동번역)

¹내가 인간의 여러 언어를 말하고 천사의 말까지 한다 하더라도 사랑이 없으면 나는 울리는 징과 요란한 꽹과리와 다를 것이 없습니다. ²내가 하나님의 말씀을 받아 전할 수 있다 하더라도 온갖 신비를 환히 꿰뚫어 보고 모든 지식을 가졌다 하더라도 산을 옮길 만한 완전한 믿음을 가졌다 하더라도 사랑이 없으면 나는 아무것도 아닙니다. ³내가 비록 모든 재산을 남에게 나누어 준다 하더라도 또 내가 남을 위하여 불 속에 뛰어 든다 하더라도 사랑이 없으면 모두 아무 소용이 없습니다.

- 후회하지 않을 신앙생활을 위해 내가 변화되어야 할 것은 무엇인가?

오늘의 결단

1. 1강을 통해 새롭게 깨달은 내용을 요약해 보십시오.

   _____
   _____
   _____

2. 깨달은 내용을 바탕으로 나는 무엇을 실천할 수 있을지 적어 보십시오.

   _____
   _____
   _____

📗 BOOK

『모든 성도는 이제 인대인이다!』 6-29쪽을 읽고, 새롭게 깨달은 내용을 나누어 보십시오.

_____
_____
_____
_____

다음 주 독서 『모든 성도는 이제 인대인이다!』 30-58쪽을 읽어 오십시오.

2강

사람에게 보내시는 하나님

예외 없이 보내시는 하나님

S T A R T E R

우리는 흔히 선교사를 '보내는 선교사'와 '보냄 받은 선교사'로 구분하고는 한다. 여기서 '보냄 받은 선교사'는 실제로 먼 타국 선교지로 떠나는 사람이고, '보내는 선교사'는 자기가 있는 곳에서 헌금이나 기도로 후원하는 사람이다. 그래서 후자에 속한 사람들은 '나는 보내는 선교사니 직접 선교지로 가지 않아도 된다'는 생각을 갖게 되고, 스스로를 선교와는 관계가 없는 사람으로 여기게 된다.

그런데 과연 그럴까?

성경을 보면, 하나님은 늘 사람을 보내신다. 아브라함, 야곱, 모세, 다윗, 예수님에 이르기까지 모두 하나님께 보내심을 받은 소명자들이다. 이렇게 '보내시는 하나님'을 라틴어로 '미시오 데이'(Missio Dei), 곧 '선교하시는 하나님'(Mission of God)이라고 부른다. '미시오'(Missio)의 어원은 '보내다'(send)라는 뜻인데, 여기서 하나님이 사람을 구원하시는 이유를 발견할 수 있다.

하나님은 왜 수많은 사람 가운데 나를 먼저 구원하셨을까? 왜 내가 먼저 복음을 누리게 하셨을까?

그 답은 바로 나를 보내시기 위해서이다. 나를 포함해 은혜로 구원을 얻은 모든 성도들은 세상으로 보내지기 위해 부르심을 받았다. 복음을 누릴 뿐 아니라, 세상 사람들로 복음을 누리게 하라는 소명을 위해 먼저 구원을 얻은 것이다.

모든 성도는 한 명도 예외 없이 보내심을 받았다. 우리 모두에게는 하나님이 소명을 주신 곳(선교지, 교회, 가정, 일터, 학교 등)이 있다. 최근 '생활 선교사'(혹은 일상 선교사)라는 말이 등장했는데 이 역시 같은 맥락에서 이해할 수 있다.

- '생활 선교사'(혹은 일상 선교사)란 무엇일까? 자신의 말로 설명해 보자.

  _____

  _____

  _____

선교는 교회의 한 가지 프로그램이 아니다. 선교학자인 데이빗 보쉬는 "선교의 사명을 책임지는 것은 교회가 아니다."라고 말했다. 선교는 하나님의 주도적 사역이며, 이 땅의 교회를 통해 하나님이 선교하신다는 것이다. 정리하자면 "하나님은 교회를 세우기 위해 선교하시는 것이 아니다. 하나님은 선교하시기 위해 교회를 세우신다."

선교의 사명이 교회보다 더 크다. 우리는 이러한 하나님의 우선순위를 잘 기억해야 한다. 하나님의 주요한 활동은 세상을 구원하는 선교이다. 그리고 교회는 그 일에 동참하도록 세상에 보내진 하나님의 도구이다.

교회는 단순히 선교사를 보내는 단체가 아니다. 교회 자체가 선교를 위한 통로임을 우리는 알아야 한다. 더 나아가 모든 성도가 하나님께 보내심을 받은 선교사임을 기억해야 한다.

| 전통적 교회의 구조 |

선교	훈련과 기술	주일학교	소그룹	청소년	설교	예배

| 인대인이 추구하는 교회의 구조 |

선교(Mission)						
훈련과 기술	주일학교	소그룹	청소년	기타 활동	설교	예배

● 위 그림이 의미하는 바가 무엇이라고 생각하는가?

_____
_____
_____
_____
_____
_____

성경에 비추어 보기

1. 보내기 위해 능력 주시는 하나님

이사야 61장 1-3절

1 주 여호와의 영이 내게 내리셨으니 이는 여호와께서 내게 기름을 부으사 가난한 자에게 아름다운 소식을 전하게 하려 하심이라 나를 보내사 마음이 상한 자를 고치며 포로된 자에게 자유를, 갇힌 자에게 놓임을 선포하며 2 여호와의 은혜의 해와 우리 하나님의 보복의 날을 선포하여 모든 슬픈 자를 위로하되 3 무릇 시온에서 슬퍼하는 자에게 화관을 주어 그 재를 대신하며 기쁨의 기름으로 그 슬픔을 대신하며 찬송의 옷으로 그 근심을 대신하시고 그들이 의의 나무 곧 여호와께서 심으신 그 영광을 나타낼 자라 일컬음을 받게 하려 하심이라

- 이 말씀에서 우리의 눈을 사로잡는 구절은 "주 여호와의 영이 내게 내리셨으니", "여호와께서 내게 기름을 부으사"이다. 그런데 이러한 은혜에는 분명한 목적이 있다. 무엇일까?

● 하나님께 은혜 받기만을 바라고, 하나님이 은혜를 주시는 이유를 놓치고 있지 않는가?

2. 보내기 위해 복 주시는 하나님

하나님은 복을 주시는 분이며 은혜를 아끼지 않으시는 분이다. 하나님은 복의 근원이시며, 사랑 그 자체이시다. 나에게 가장 좋은 것들은 모두 하늘의 하나님께서 주신 것이다.

그런데 하나님이 복을 주시는 이유가 있다. 하나님은 그 복이 세상 가운데 나누어지기 원하신다. 우리가 받은 복을 나눌 때 비로소 그 복을 주신 분이 드러나고 하나님이 영광 받으시게 된다.

창세기 12장 1-2절
¹여호와께서 아브람에게 이르시되 너는 너의 고향과 친척과 아버지의 집을 떠나 내가 네게 보여 줄 땅으로 가라 ²내가 너로 큰 민족을 이루고 네게 복을 주어 네 이름을 창대하게 하리니 너는 복이 될지라

- 이 본문에서 하나님은 아브람을 어디론가 보내신다. 그런데 하나님은 아브람을 어떻게 보내시는가? 하나님은 왜 아브람에게 복을 주어 보내셨을까?

- 갈라디아서 3장 1-13절을 읽어 보자. 하나님은 아브람에게 주신 복을 어디까지 이르게 하셨는가?(8, 14절)

공동번역 성경은 "너는 복이 될지라"(2절)를 "네 이름은 남에게 복을 끼쳐 주는 이름이 될 것이다"라고 해석했다. 즉, 복이 된다는 것은 나만 복을 받는다는 의미가 아니다. 하나님이 아브람에게 복을 주신 이유는 아브람을 통해 다른 사람에게 복을 나누어 주시기 위함이었다.

하나님은 '한 가정의 아버지'라는 뜻의 '아브람'이라는 이름을 후에 '열국의 아버지'라는 뜻의 '아브라함'으로 바꾸셨다. 하나님이 주신 복이 확장된 것이다. 그리고 이 복은 마침내 온 인류가 구원을 받는 복, 십자가 구원에까지 이르렀다.

> "이는 그리스도 예수 안에서 아브라함의 복이 이방인에게 미치게 하고 또 우리로 하여금 믿음으로 말미암아 성령의 약속을 받게 하려 함이라"(갈 3:14).

3. 보내실 일꾼을 찾으시는 하나님

누가복음 10장 1-3절

¹그 후에 주께서 따로 칠십 인을 세우사 친히 가시려는 각 동네와 각 지역으로 둘씩 앞서 보내시며 ²이르시되 추수할 것은 많되 일꾼이 적으니 그러므로 추수하는 주인에게 청하여 추수할 일꾼들을 보내 주소서 하라 ³갈지어다 내가 너희를 보냄이 어린 양을 이리 가운데로 보냄과 같도다

- 하나님의 관심은 어디에 있는가? 예수님은 하나님의 관심을 이루도록 무엇을 기도하라고 하셨는가?

- 내가 바로 추수에 참여하도록 보내심을 받은 일꾼이라는 생각에 동의하는가?(참조, 요 20:21)

하나님은 인류를 구원하시고자 구약 시대 내내 지속적으로 선지자들을 보내셨고, 결국 예수 그리스도를 이 땅에 보내셨다. 그리고 보내심을 받은 하나님의 사람들이 핍박을 받았듯(참조, 마 21:33-39) 예수님도 십자가에 달려 죽으셨다.

하나님께 보내심을 받는다는 것은 하나님이 주신 사명을 감당해야 하는 힘겨운 일이다. 추수할 것은 많은데 추수할 일꾼은 적으니 일꾼들이 감당해야 할 일이 얼마나 많겠는가? 하나님은 지금도 추수할 일꾼을 찾으시고 보내신다. 하나님은 "아멘"으로 순종하는 자를 찾으신다.

"예수께서 또 이르시되 너희에게 평강이 있을지어다 아버지께서 나를 보내신 것 같이 나도 너희를 보내노라"(요 20:21).

2강을 마무리하며

"갈매기 대부분은 비행에 대해 아주 간단한 사실 이상은 배우지 않는다. 그러니까 해안에서 먹이가 있는 곳으로 갔다가 돌아오는 방법만 배운다. 그들에게 중요한 것은 비행이 아니라 먹이다. 하지만 조나단에게 중요한 것은 먹이가 아니라 비행이었다. 갈매기 조나단 리빙스턴은 무엇보다도 하늘을 나는 게 좋았다."

_ 리처드 바크(Richard Bach), 『갈매기의 꿈』(Jonathan Livingston Seagull)

- 보내심을 받았다는 분명한 목적을 잃어버린 채 신앙생활을 한다면 어떤 모습이 될까? 단지 먹고 살기 위해 날기만 반복하는 갈매기와 나는 어떤 차이가 있을까?

___

___

___

교회를 '에클레시아'라고 부른다. '에클레시아'는 '부름 받은 자들의 모임'이라는 뜻이다. 즉 교회는 하나님이 부르신 자들의 모임이다.

'에클레시아'라는 단어는 초대교회 당시 이미 존재했던 단어였다. 특정한 목적을 위해 소집한 회의나 모임을 가리켰는데, '에클레시아'로 소집된 사람들은 특정한 목적을 위해 모였다가 다시금 흩어져 자기 삶의 영역으로 돌아갔다. 요즘으로 말하자면, 동네 반상회에서 모여 회의한 후 자기 생활로 돌아가 논의한 내용을 실천하는 것과 비슷하다. 그런데 생각해 보라. 모여서 회의만 열심히 하고 결정된 내용을 돌아가서 실천하지 않는다면 어떻겠는가? 그 모임은 그저 시간 낭비에 불과할 뿐이다.

이처럼 교회는 하나님이 부르신 목적대로 모인 곳이다. 이 모임의 참된 목적은 각기 삶의 터전으로 다시 흩어져 하나님의 뜻을 실행하는 데 있다.

- 교회에서 행해지는 수많은 프로그램을 생각해 보자. 하나님이 부르신 목적과 일치한다고 생각되는가?(참조, 딤후 2:4) 그 목적을 교회 안에서 실행하는 것에만 최적화되어 있지는 않은가?

_____
_____
_____
_____
_____
_____
_____
_____

오늘의 결단

1. 2강을 통해 새롭게 깨달은 내용을 요약해 보십시오.

   _____
   _____
   _____
   _____

2. 깨달은 내용을 바탕으로 나는 무엇을 실천할 수 있을지 적어 보십시오.

   _____
   _____
   _____
   _____

BOOK

『모든 성도는 이제 인대인이다!』 30-58쪽을 읽고, 새롭게 깨달은 내용을 나누어 보십시오.

_____
_____
_____
_____

다음 주 독서 『모든 성도는 이제 인대인이다!』 60-113쪽을 읽어 오십시오.

3강

경계선을 넘는 사람들

내가 만든 경계선을 지우고,
보내심을 받은 불편한 자리로 나아가기

STARTER

예수님은 '경계선을 제거하는 삶'을 사셨다. 예수님이 가신 곳마다 파격적인 일들이 일어났는데, 바로 이런 삶 때문이다. 경계선을 그어 놓는 것이 안전하다고 생각하는 우리는 그러기에 예수님을 전부 이해할 수 없다. 예수님은 안전한 경계선 안에서 안주하려는 우리에게 그 밖으로 나오라고 초청하신다.

1. 예수님은 하늘과 땅의 경계를 허무셨다. 하나님이신 분이 인간의 육신을 입고 이 땅에 오셨다. 하늘로부터 경계를 넘어 이 땅에 오셨다(요 1:14).
2. 예수님은 유대인과 이방인의 경계를 허무셨다. 예수님은 이방 땅 사마리아에 사는 한 여인을 구원하기 위해 유대인이 정한 경계선을 넘어 그 땅에 들어가셨다(롬 10:12-13).
3. 예수님은 강한 자와 약한 자의 경계를 허무셨다. 예수님은 부와 권력을 따라다니지 않으시고, 약한 자들과 소외된 자들을 만나셨다.

- 나는 스스로 정한 경계선 안에 머무르려는 경향이 있는가? 그렇다면 왜 그런 것 같은가?

한 신문 기사에서 차별과 혐오 문화가 심해지는 이유를 설명하면서 '파편사회'라는 용어를 소개했다. 그 기사에 따르면, 파편사회란 "모든 사람이 조각나고 부서진 파편(破片)인 사회, 파(派)와 편(偏)으로 나뉘어 공감대신 혐오하고 미워하는 사회"이다. 그리고 차별과 혐오 문화는 "이른바 '파편(破片·派偏)사회'의 비극"인 것이다(김혜영, "혐오·배제를 덜다, 공감·동행을 더하다", 한국일보[2019.01.01]).

유대인들은 하나님이 그들을 특별히 선택하셨다는 선민의식에 사로잡혀 점점 더 견고하게 이방인과의 벽을 쌓았다. 성전에는 유대인의 뜰과 이방인의 뜰이 존재했으며, 그 사이를 가로막은 벽에는 "이 벽을 넘어 유대인의 뜰로 들어오는 이방인은 죽여도 된다."라는 경고 문구가 있었다.

유대인들은 유대인으로 태어난 것, 남자로 태어난 것, 육체가 건강한 것, 물질적으로 풍요로운 것을 하나님의 복이라고 생각했다. 그렇기 때문에 이방인을 차별했고 병든 사람을 멀리했으며 가난한 자에게 관심을 갖지 않았다. 하나님께 저주받은 자들이라고 여겼기 때문이다. 그러나 예수님은 이 땅에 오셔서 이렇게 외치셨다. "너희 가난한 자는 복이 있나니 하나님의 나라가 너희의 것이다"(눅 6:20).

- 혐오와 치별이 심해지는 파편사회를 사는 그리스도인에게 예수님은 무엇을 부탁하신다고 생각하는가? 나에게도 그 부탁을 하신다고 믿는가?

_____

_____

_____

성경에 비추어 보기

1. 함께하는 모든 것에 흘러넘치는 복

창세기 39장 1-5절

¹요셉이 이끌려 애굽에 내려가매 바로의 신하 친위대장 애굽 사람 보디발이 그를 그리로 데려간 이스마엘 사람의 손에서 요셉을 사니라 ²여호와께서 요셉과 함께 하시므로 그가 형통한 자가 되어 그의 주인 애굽 사람의 집에 있으니 ³그의 주인이 여호와께서 그와 함께 하심을 보며 또 여호와께서 그의 범사에 형통하게 하심을 보았더라 ⁴요셉이 그의 주인에게 은혜를 입어 섬기매 그가 요셉을 가정 총무로 삼고 자기의 소유를 다 그의 손에 위탁하니 ⁵그가 요셉에게 자기의 집과 그의 모든 소유물을 주관하게 한 때부터 여호와께서 요셉을 위하여 그 애굽 사람의 집에 복을 내리시므로 여호와의 복이 그의 집과 밭에 있는 모든 소유에 미친지라

- 형제들에게 미움을 받아 타국에 종으로 팔려간 요셉에게 하나님은 어떤 은혜를 주셨는가? 그리고 그 은혜는 누구에게 흘러갔는가?

_____
_____
_____
_____
_____

- 하나님이 주시는 은혜와 복의 중요한 특징은 무엇이라고 생각하는가?(참조, 창 49:22)

_____
_____
_____
_____

하나님이 함께하는 인생이 형통한 인생이다. 요셉은 하나님이 함께하는 사람이었기에 만사가 형통했다. 요셉은 이집트의 국무총리가 되는 복을 누렸고, 그 복은 결국 야곱의 가문을 살리고 일으키는 데까지 흘러갔다. 하나님의 형통은 요셉 개인에게 주어진 복인 동시에 요셉과 함께하는 사람들에게로 흘러가는 복이었다.

"요셉은 무성한 가지 곧 샘 곁의 무성한 가지라 그 가지가 담을 넘었도다" (창 49:22).

2. 원수의 땅에도 흘러넘치는 긍휼

요나 3장 10절

¹⁰하나님이 그들이 행한 것 곧 그 악한 길에서 돌이켜 떠난 것을 보시고 하나님이 뜻을 돌이키사 그들에게 내리리라고 말씀하신 재앙을 내리지 아니하시니라

요나 4장 1-2, 10-11절

¹요나가 매우 싫어하고 성내며 ²여호와께 기도하여 이르되 여호와여 내가 고국에 있을 때에 이러하겠다고 말씀하지 아니하였나이까 그러므로 내가 빨리 다시스로 도망하였사오니 주께서는 은혜로우시며 자비로우시며 노하기를 더디하시며 인애가 크시사 뜻을 돌이켜 재앙을 내리지 아니하시는 하나님이신 줄 내가 알았음이니이다 (중략) ¹⁰여호와께서 이르시되 네가 수고도 아니하였고 재배도 아니하였고 하룻밤에 났다가 하룻밤에 말라 버린 이 박넝쿨을 아꼈거든 ¹¹하물며 이 큰 성읍 니느웨에는 좌우를 분변하지 못하는 자가 십이만여 명이요 가축도 많이 있나니 내가 어찌 아끼지 아니하겠느냐 하시니라

- 요나가 화를 내는 이유는 무엇인가? (3:10, 4:1-2)

- 요나와 하나님의 생각의 차이는 무엇인가? 하나님이 요나에게 원하시는 것은 무엇이라고 생각하는가? (참조, 롬 3:29)

하나님은 이스라엘 백성만을 특별 대우하시는 이스라엘만의 하나님이 아니시다. 하나님은 온 인류를 사랑하시며 죄에서 구원하기 원하신다. 하나님은 교회에 다니는 사람만 특별 대우하지도 않으시고, 교회 안에만 머물지도 않으신다. 하나님은 교회 밖의 사람들을 구원하기 위해 지금도 교회 밖에서 일하시는 하나님이시다. 하나님이 요나에게 원하시는 것은 "내가 너를 긍휼히 여긴 것처럼 너도 죄로 죽어가는 사람들을 긍휼히 여기라"는 것이다.

3. 모든 경계를 허물라고 주신 직분

베드로전서 2장 9-10절
9그러나 너희는 택하신 족속이요 왕 같은 제사장들이요 거룩한 나라요 그의 소유가 된 백성이니 이는 너희를 어두운 데서 불러 내어 그의 기이한 빛에 들어가게 하신 이의 아름다운 덕을 선포하게 하려 하심이라 10너희가 전에는 백성이 아니더니 이제는 하나님의 백성이요 전에는 긍휼을 얻지 못하였더니 이제는 긍휼을 얻은 자니라

- 이 말씀은 구원받은 "너희"가 어떤 존재라고 말하는가? 또한 그들은 무엇을 해야 한다고 말하는가?(9절)

- 하나님의 긍휼로 얻은 구원의 복된 소식을 누구에게 선포해야 한다고 생각하는가?

_____
_____
_____
_____

제사장은 '하나님과 세상을 연결하는 다리'의 역할을 하는 자이다. 하나님은 그분께 속한 온 세상을 구원하시려는 계획을 가지고 이스라엘을 제사장 나라로 부르셨다. 하나님이 우리에게 제사장으로서 특권뿐 아니라 하나님의 긍휼을 전하는 소명도 주셨음을 기억해야 한다.

"세계가 다 내게 속하였나니 너희가 내 말을 잘 듣고 내 언약을 지키면 너희는 모든 민족 중에서 내 소유가 되겠고 너희가 내게 대하여 제사장 나라가 되며 거룩한 백성이 되리라"(출 19:5-6).

3강을 마무리하며

앨런 허쉬(Alan Hirsch)는 그의 저서 『잊혀진 길』(*The forgotten Ways*)에서 삶의 영역을 'm0~m4'로 분할하며 다음과 같이 설명했다.

- m0~m1 : 이 범주에는 기독교 개념을 가지며, 자신과 같은 언어를 사용하고 관심사가 비슷한 집단이 포함된다. 같은 국적을 가진 사람들이나 같은 교회에 속한 유사한 계층의 사람들이 포함될 수 있다. 이들을 만나려면 교회에 가면 된다.

- m1~m2 : 이 범주에는 일반적으로 비그리스도인이 포함된다. 기독교에 대한 실질적인 인식이나 흥미가 거의 없으며, 교회를 별로 신뢰하지 않는 사람들이다. 이 범주에는 교회나 기독교에 대한 좋지 않은 경험 때문에 이전에 상처 받은 사람들도 포함될 수 있다. 이들을 만나려면 동네의 평범한 술집이나 식당으로 가면 된다.

- m2~m3 : 이 범주에는 기독교에 대해 전혀 알지 못하는 사람이나 혹은 다른 종교적 배경을 가진 사람들이 포함된다. 교회가 배제하거나 무시하는 사람들, 예를 들어 동성애자와 같은 사람들이 포함될 수 있다. 또는 적극적으로 기독교를 적대시하는 사람들이 포함될 수 있다.

- m3~m4 : 이 범주에는 교회에 대해 좋지 않은 역사를 경험한 인종이나 종교 집단에 속한 사람들이 포함된다. 예를 들어 무슬림이나 유대인들이 있다. 그리스도인들과 의미 있는 대화가 힘들 뿐 아니라 심지어 복음에 대해 상당히 강하게 저항하는 부류이다.

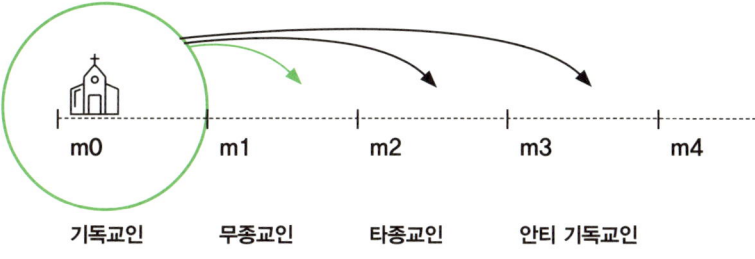

- 나의 삶의 활동 범위는 어디까지인가?

_____
_____
_____
_____

팀 켈러(Timothy Keller)가 『센터처치』(Center Church)에서 소개한 경영학의 대가 피터 드러커(Peter Ferdinand Drucker)가 1950년대에 강의한 내용이다. 어떤 사람이 대출을 받으러 은행에 갔는데, 은행 직원이 이렇게 물었다. "교회에 다니십니까?" 그 사람이 물었다. "아니, 대출받는 것과 교회 다니는 게 무슨 상관입니까?" 은행 직원은 이렇게 답했다. "중요한 대출 업무를 수행하는데, 대출받는 사람이 교인인지 아닌지가 왜 중요하지 않습니까?"

이는 기독교 신앙이 중심이 된 사회에서나 가능한 일이다. 그러나 지금은 기독교 이후의 사회, 즉 "기독교가 좋은 시절은 다 지나갔다."라는 선고가 내려진 사회로 진입했다. 기독교가 세상의 중심부에서 주변부로 밀려난 것이다. 이제는 누구도 주변부에 있는 교회로 가려 하지 않는다. 오히려 주변부에 있는 교회가 세상의 중심부로 들어가야 하는 상황이 되었다.

문제는 m2~m4의 인구가 점점 더 많아지고 있으며, 파편화된 사회 속에서 사람들은 점점 더 다양성을 추구한다는 것이다. 이러한 사회 변화 속에서 과연 교회는 어떻게 해야 하는가? 교회 안에 갇혀서 과거의 종교성과 독특한 문화를 유지하기 위한 조직으로 남을 것인가?

경계를 넘어 세상으로 성도를 보내신 '하나님의 선교' 앞에서 우리는 어떤 삶을 살아야 하는가?

- 위의 글을 읽고 느낀 점을 함께 나누어 보자.

오늘의 결단

1. 3강을 통해 새롭게 깨달은 내용을 요약해 보십시오.

2. 깨달은 내용을 바탕으로 나는 무엇을 실천할 수 있을지 적어 보십시오.

BOOK

『모든 성도는 이제 인대인이다!』 60-113쪽을 읽고, 새롭게 깨달은 내용을 나누어 보십시오.

다음 주 독서 『모든 성도는 이제 인대인이다!』 114-155쪽을 읽어 오십시오.

4강

사람들 속에서
함께 살기

성육신의 영성으로 세상 속에서 살아가기

S T A R T E R

'성육신'(incarnation)이라는 말은 '실제 몸으로'(in the flesh)를 의미하는 라틴어에서 나온 말이다. 이는 하나님이신 예수님이 친히 낮고 비천한 '사람'으로 세상에 들어오신 사건이다. 사람의 모습으로 오신 예수님은 전능한 존재로 세상을 살지 않으시고, '한 사람'으로서 살아가셨다. 우리와 똑같이 성령님의 인도하심을 따라 이 땅의 삶을 경험하고 살아가셨다.

높은 곳에서 낮은 곳으로 오신 예수님은 이 땅을 살아가는 방식에서도 성육신을 실천하셨다. 예수님의 시선은 늘 '낮은 곳'에 있었으며 '낮은 방향'을 향해 걸어가셨다. 온 우주의 왕이심에도 불구하고 한낱 인간들의 발을 기꺼이 닦으셨다. 거룩한 하나님이심에도 불구하고 죄인의 모습까지 내려가셨다. 결국 세상의 중심부가 아닌 영문 밖에서, 버려지듯 십자가에 달려 죽으셨다.

신앙은 '나의 유익과 만족'을 위해 높은 곳으로 향하는 여정이 아니다. 그리스도인은 늘 순례의 길을 걸어간다. 순례의 길은 예수님처럼 '낮은 방향'을 향한다. 오늘도 예수님은 우리를 초청하신다. 자기 십자가를 지고 나를 따르라고, 나는 낮은 곳에 있으니 그리로 오라고.

- 예수님의 성육신적 삶이 나에게 주는 메시지는 무엇인가?

_____

_____

_____

"교회는 사람들을 세상으로부터 불러내 종교적 안전지대에 거하게 하려고 존재하는 것이 아니다. 불러낸 그들을 다시 하나님의 왕권을 수행하는 대리인으로서 세상에 보내기 위해 존재한다."

_ 레슬리 뉴비긴(Lesslie Newbigin, 1909~1998년, 영국의 신학자, 선교사)

예수님은 제자들을 향해, 우리를 향해 이렇게 말씀하신다.

"예수께서 또 이르시되 너희에게 평강이 있을지어다 아버지께서 나를 보내신 것 **같이** 나도 너희를 보내노라"(요 20:21).

이 말씀에서 중요한 키워드는 "같이"이다. 아버지께서 낮고 낮은 이 땅으로 예수님을 보내셨듯 예수님도 우리를 성육신의 영성을 가지고 세상으로 가도록 보내신다.

- 우리 역시 예수님처럼 세상으로 보내심을 받았다면, 지금 나는 어디로 누구에게 가야할까? 떠오르는 대로 나누어 보자.

_____

_____

_____

_____

성경에 비추어 보기

1. 상대에게 맞추는 성육신

고린도전서 9장 19-23절

¹⁹내가 모든 사람에게서 자유로우나 스스로 모든 사람에게 종이 된 것은 더 많은 사람을 얻고자 함이라 ²⁰유대인들에게 내가 유대인과 같이 된 것은 유대인들을 얻고자 함이요 율법 아래에 있는 자들에게는 내가 율법 아래에 있지 아니하나 율법 아래에 있는 자 같이 된 것은 율법 아래에 있는 자들을 얻고자 함이요 ²¹율법 없는 자에게는 내가 하나님께는 율법 없는 자가 아니요 도리어 그리스도의 율법 아래에 있는 자이나 율법 없는 자와 같이 된 것은 율법 없는 자들을 얻고자 함이라 ²²약한 자들에게 내가 약한 자와 같이 된 것은 약한 자들을 얻고자 함이요 내가 여러 사람에게 여러 모습이 된 것은 아무쪼록 몇 사람이라도 구원하고자 함이니 ²³내가 복음을 위하여 모든 것을 행함은 복음에 참여하고자 함이라

- 사도 바울은 다른 사람에게 맞추어 스스로를 변화시켰다. 그 이유는 무엇인가?(23절)

- "여러 사람에게 여러 모습이 된다"(22절)는 것을 어떻게 이해하는가? 나는 그 "여러 모습"을 어떻게 실천할 수 있을지 나누어 보자.

_____
_____
_____

그리스도인들이 종종 저지르는 실수 중 하나가 일방적인 소통이다. 다시 말해 상대방을 가르치려는 자세로 대화하는 습관이다. 이런 모습이 세상 사람들에게 기독교는 매우 무례하다는 인상을 주고는 한다. 기독교 신앙을 무조건 받아들이라고 상대에게 강요하기 때문이다. 상대방의 생각과 의견을 존중하고 공감해야 한다. 그런 후 성경에 비추어 문제점이 무엇인지 보이고, 복음을 전할 기회를 얻어야 한다.

복음은 나의 논리와 확신과 언변술로 설득하는 것이 아니다. 오직 성령님의 역사와 은혜로만 전해진다. 이를 기억하고 우리는 겸손한 제사장으로서의 역할을 감당해야 한다.

2. 진짜 동네 이웃이 되는 성육신

요한복음 1장 14절

14말씀이 육신이 되어 우리 가운데 거하시매 우리가 그의 영광을 보니 아버지의 독생자의 영광이요 은혜와 진리가 충만하더라

- 메시지성경은 이 구절을 "그 말씀이 살과 피가 되어 우리가 사는 곳에 오셨다"라고 번역한다. 예수님이 우리가 사는 곳(우리 동네)에 오셨다는 의미는 나에게 어떻게 적용될 수 있을까?

- 내가 사는 동네의 '이웃'으로 오신 예수님이 나에게 원하시는 것은 무엇일까? 바로 '나도 가서 이웃이 되는 것'이다. 내가 이웃이 될 대상이 있다면 누구인지 한번 적어 보자.

예수님은 공생애를 시작하시면서, 구원의 위대한 사역을 위해 그 당시 정치 1번가인 예루살렘으로 가지 않으셨다. 거물급 정치인이나 경제인을 만나면서 영향력을 확장하지 않으셨다. 오히려 갈릴리에서 그 지역 어부들을 제자로 부르시고, 동네 혼인잔치에 다니며 사역하셨다. 거절당한 이방 땅에 가시고 낮은 처지에 놓인 사람들을 만나셨다. 말 그대로 '동네에서 동네 사람들'을 만나셨다. 이것이 내가 사는 동네에서 하나님의 보내심을 발견하는 것이 중요한 이유이다.

3. 예수님의 마음을 품고 사는 성육신

빌 2:3-8

3아무 일에든지 다툼이나 허영으로 하지 말고 오직 겸손한 마음으로 각각 자기보다 남을 낫게 여기고 4각각 자기 일을 돌볼뿐더러 또한 각각 다른 사람들의 일을 돌보아 나의 기쁨을 충만하게 하라 5너희 안에 이 마음을 품으라 곧 그리스도 예수의 마음이니 6그는 근본 하나님의 본체시나 하나님과 동등됨을 취할 것으로 여기지 아니하시고 7오히려 자기를 비워 종의 형체를 가지사 사람들과 같이 되셨고 8사람의 모양으로 나타나사 자기를 낮추시고 죽기까지 복종하셨으니 곧 십자가에 죽으심이라

- 사도 바울은 빌립보 교회 성도들에게 무엇을 권면하고 있는가?(3-4절) 이것이 가능하려면 무엇을 가져야 하는가?(5절)

- 예수님이 하신 것은 무엇이고, 하지 않으신 것은 무엇인가?(6-8절) 이를 나에게 적용한다면, 내가 해야 할 것은 무엇이고 하지 말아야 할 것은 무엇인가?

바른 신앙의 핵심은 '예수님을 인격적으로 닮아가는 것'이다. 우리의 모든 생각과 말과 행함에 있어 예수님처럼 사는 것이 우리가 가야 할 신앙의 길이다.

불가능해 보이는 이 일을 가능하게 하는 것은 예수님의 마음을 품는 것이다. 인류를 구원하시려는 그 사랑의 열정으로 모든 것을 포기하신 예수님의 마음에 공감하는 것이다. 결국 성육신은 나의 유익을 따르지 않고 하나님 나라를 위해 헌신하는 것이다.

> "그러나 무엇이든지 내게 유익하던 것을 내가 그리스도를 위하여 다 해로 여길뿐더러"(빌 3:7).

# 4강을 마무리하며

"우리가 양으로 남아 있는다면 우리는 승리할 수 있다. 비록 늑대 천 마리에 에워싸인다 해도 우리는 정복하고 승리한다. 그러나 늑대가 되는 즉시 우리는 패배한다. 늑대를 기르지 않고 양을 기르는 목자의 지지를 잃기 때문이다."

_ 크리소스토무스(John Chrysostom, 4세기 기독교 교부이자 제37대 콘스탄티노폴리스 대주교)

성육신의 영성은 낮은 방향으로 살아가라는 삶의 원리를 제시한다. 이는 세상이 말하는 방식과 정반대이다. 세상은 힘을 가진 늑대가 되어 경쟁에서 살아남는 방식을 가르친다.

그러나 예수님은 우리에게 양으로 살아가라고 하신다. 양은 힘이 없지만, 양에게는 그를 지키는 목자가 있다. 그러니 늑대를 두려워하지 말라고 말씀하신다. 늑대가 아닌 양을 지키시는 예수님은 양을 위해 모든 것을 주신다. 우리는 선한 목자이신 예수님을 신뢰하며 기꺼이 양으로 이 땅을 살아내는 성도가 되어야 한다.

- 크리소스토무스의 글을 읽으면서 느낀 점은 무엇인가?

_____
_____
_____
_____

선교학자 마이클 프로스트(Michael Frost)는 **"너희 안에 이 마음을 품으라 곧 그리스도 예수의 마음이니"**(빌 2:5)라는 말씀을 가지고 성육신의 2가지 중요한 개념을 설명한다. 첫째는 '가까이 가는 것'(proximity)이고 둘째는 '함께하는 것'(presence)이다.

첫째, 성육신의 영성을 가지고 살아가려면, 다른 사람들과 아주 가깝게 생활해야 한다. 우리가 부르심 받아 섬기려는 사람들과 멀리 떨어져서는 그리스도를 닮은 모습을 보여 줄 수 없다. 실제로 인간이 되셔서 우리의 이웃으로 오신 예수님처럼 우리도 그래야 한다. 어쩌면, 하나님이 우리를 보내신 사람들과 가까운 곳으로 삶의 터전을 옮기는 일이 요구될 수 있다. 성육신적 사역을 감당하려면, 최소한 우리가 다가가려는 사람들의 삶에 직접적이고 능동적으로 관여할 수 있는 시간과 공간을 만들어야 한다.

둘째, '가까이 가는 것'에서 그치지 않고, 한 걸음 더 나아가 '함께하는 삶'이 필요하다. 함께한다는 것은 그 사람의 삶에 참여하는 것이다. 우리는 가까이에 서서 다른 사람이 하는 일을 그저 쳐다만 보는 것이 아니라, 동질감을 가지고 그 사람의 삶에 동참해야 한다. 사도 바울의 고백처럼 "여러 사람에게 여러 모습"이 되어야 한다. 다시 말해 이는 여러 사람에게 '가까이 가는 것'을 넘어서 그 사람이 '되어 보는 것'을 뜻한다.

예수님은 사람들을 위해 사람 가까이 오셨고 동시에 자신과 그들을 동일시하셨다. 빌립보서 말씀이 분명히 말하듯 주님은 스스로 겸손해지셨다. 인간 수준이 되시기 위해 자신을 정말 완전히 비우셨다.

- 이 글을 읽고 느낀 점을 나누어 보자.

오늘의 결단

1. 4강을 통해 새롭게 깨달은 내용을 요약해 보십시오.

   _____
   _____
   _____
   _____

2. 깨달은 내용을 바탕으로 나는 무엇을 실천할 수 있을지 적어 보십시오.

   _____
   _____
   _____
   _____

BOOK

『모든 성도는 이제 인대인이다!』 114-155쪽을 읽고, 새롭게 깨달은 내용을 나누어 보십시오.

_____
_____
_____
_____

다음 주 독서 『모든 성도는 이제 인대인이다!』 156-209쪽을 읽어 오십시오.

5강

사람들 속에서 한결같기

세상의 방식이 아닌, 하나님의 방식을 선택하기

S T A R T E R

40일 금식하신 예수님께 찾아온 광야 시험은 우리에게 시사하는 바가 많다. 사탄은 세 가지를 가지고 유혹한다. 바로 세상을 살아가는 많은 사람들이 애타게 원하는 '돈과 인기와 권력'이다. 이 세 가지는 이 땅을 사는 동안 우리에게 분명 필요한 것들이다. 그러나 이것들은 우리가 추구할 인생의 목적이 될 수 없다. 예수님은 '말씀'으로 대항하시며 "사람은 하나님의 말씀대로 살아야 한다."는 분명한 지침을 주신다.

우상이란 우리가 "이것이 없으면 나는 못 살아!"라고 외치는 바로 그것이다. 많은 그리스도인이 물질에 어려움이 오면 하나님이 돈을 주시지 않았다는 이유로 신앙에서 멀어진다. 그들에게는 돈이 우상이다. 그러니 돈을 주지 않으시는 하나님은 섬길 필요가 없다고 느끼는 것이다. 이는 전형적으로 세속적인 세계관에 근거한 왜곡된 신앙이다. 하나님의 복은 늘 물질의 풍성함으로만 오는 것이 아니다.

안식일을 지키는 것도 마찬가지이다. 물론 하루를 더 일하면 그만큼 더 벌 것이다. 그러나 하나님은 일주일 중 하루를 정해 경제 활동을 멈추게 하셨다. 하루를 안식하는 것이 우리에게 더 유익하기 때문이다. 우리는 선택해야 한다. 하나님이 명하시는 안식일을 지킬 것인가, 아니면 한 푼이라도 더 돈을 벌라는 세상의 말을 따를 것인가.

- 하나님은 왜 우리에게 안식일을 요구하셨다고 생각하는가?

신앙생활은 우리가 편한 대로 하는 것이 아니라 우리를 만드시고 구원하신 하나님이 기뻐하시는 방식대로 하는 것이다. 우리가 다 이해할 수는 없지만 하나님이 제안하시는 방식의 삶은 늘 옳으며 우리에게 유익하기 때문이다. 우리가 안식일을 지키는 것이 아니라 안식일이 우리를 지킨다고 말하는 이유가 여기에 있다.

> "하나님 나라의 자녀들은 다른 가치관을 가지고 산다. 그들은 다른 기대치를 가지고 산다. 그들이 살아가는 힘의 원천은 세상과 다르다. 이것이 하나님 나라의 백성들의 특징이다. 예수님을 따르는 사람들은 세상에 있는 적들과 어마어마한 갈등을 겪는다는 것을 알아야 한다. 그 갈등은 오직 성령의 능력으로만 이길 수 있다."
>
> _ 크레이그 반 겔더(Craig Van Gelder)

- 하나님의 자녀로 살아가면서 어떤 갈등을 겪고 있는가?

성경에 비추어 보기

1. 편한 것 한 가지만 순종하려는 얄팍함

마가복음 12장 28-31절

²⁸서기관 중 한 사람이 그들이 변론하는 것을 듣고 예수께서 잘 대답하신 줄을 알고 나아와 묻되 모든 계명 중에 첫째가 무엇이니이까 ²⁹예수께서 대답하시되 첫째는 이것이니 이스라엘아 들으라 주 곧 우리 하나님은 유일한 주시라 ³⁰네 마음을 다하고 목숨을 다하고 뜻을 다하고 힘을 다하여 주 너의 하나님을 사랑하라 하신 것이요 ³¹둘째는 이것이니 네 이웃을 네 자신과 같이 사랑하라 하신 것이라 이보다 더 큰 계명이 없느니라

- 가장 중요한 계명 한 가지만을 물었던 서기관에게 예수님이 두 가지 계명을 말씀하신 이유는 무엇일까?

- 하나님 사랑과 이웃 사랑은 별개로 분리될 수 없다. 혹시 더 중요한 것과 덜 중요한 것을 구분하고, 더 중요한 것만 임의대로 순종하려고 하지는 않는가?(참조, 마 15:5-6)

하나님만 잘 섬기면 되고 사람에게는 소홀히 해도 된다는 생각은 전혀 성경적이지 않다. 교회에서는 열심히 봉사하면서 세상에서는 불신자와 조금도 구별됨이 없이 사는 것은 이중생활이다. 모두 하나님이 기뻐하시지 않는 삶이다.

하나님은 어디에서든 한결같은 삶을 요구하신다. 하나님을 사랑하는 것은 곧 사람에 대한 사랑과 연결되어 있다. 결코 떨어질 수 없는 것이다. 또한 하나님이 하신 말씀을 임의로 우선순위를 매겨서는 안 되며, 모든 계명을 첫째처럼 소중히 여겨야 한다.

2. 좋은 것 두 가지를 다 취하려는 이기심

열왕기상 18장 21절

21 엘리야가 모든 백성에게 가까이 나아가 이르되 너희가 어느 때까지 둘 사이에서 머뭇머뭇 하려느냐 여호와가 만일 하나님이면 그를 따르고 바알이 만일 하나님이면 그를 따를지니라 하니 백성이 말 한마디도 대답하지 아니하는지라

- 이스라엘 백성의 가장 큰 문제(죄)는 무엇인가?

_____
_____
_____
_____

- "겸하여 섬긴다"는 말의 의미는 무엇인가?(참조, 눅 16:13)

  _____
  _____
  _____

이스라엘 백성은 풍년을 기원하며 바알을 섬겼다. 그런데 그렇다고 하나님을 버린 것은 아니다. 그들은 바알을 섬기는 동시에 하나님도 섬겼다. 하나님은 이런 이중적인 신앙 상태를 지적하신다. '섬긴다'는 것은 예배의 대상에게 충성을 다한다는 뜻이다. 그리고 예배의 대상은 유일해야만 한다. 하나님과 돈을 겸하여 섬길 수 없다는 것도 같은 맥락이다. '섬긴다'와 '겸하여'는 결코 함께 쓰일 수 없는 단어이다.

3. 세상의 방식을 향한 갈망

로마서 12장 1-2절(메시지성경)
[1]그러므로 나는, 이제 여러분이 이렇게 살기를 바랍니다. 하나님께서 여러분을 도우실 것입니다. 여러분의 매일의 삶, 일상의 삶—자고 먹고 일하고 노는 모든 삶—을 하나님께 헌물로 드리십시오 (중략) 문화에 너무 잘 순응하여 아무 생각 없이 동화되어 버리는 일이 없도록 하십시오 (중략) 여러분을 둘러싸고 있는 문화는 늘 여러분을 미숙한 수준으로 끌어 낮추려 하지만, 하나님께서는 언제나 여러분에게서 최선의 것을 이끌어 내시고 여러분 안에 멋진 성숙을 길러 주십니다.

- 우리의 매일(일상)이 하나님께 헌물로 드려지는 삶은 세상 문화에 순응하여 동화되어 사는 삶과 어떻게 다른가?

- 최근 스스로 발견한 미숙함이 있다면 무엇인가? 그 미숙함이 어떻게 성숙되기를 바라는가?

온도계와 온도 조절기의 차이를 생각해 보라. 온도계는 주변 온도에 따라 오르락내리락한다. 주변 온도에 직응하여 반응하는 것이 온도계이다. 그러나 온도 조절기는 스스로 정한 온도가 되도록 주변 온도를 바꾼다. 주변 온도가 몇 도이든 상관없다. 온도 조절기는 주변 온도를 주도하고 변화시킨다. 하나님은 진리에 고정된 온도 조절기와 같은 삶을 우리에게 요구하신다.

5강을 마무리하며

우리의 삶을 한 분 하나님 아래에서 '원 라이프'(one life)로 통합하기 위한 요구를 유대인들은 '이추드'(Yichud)라고 한다. 이는 오늘날의 '제자도'와 맥을 같이하는 말이라고 할 수 있다.

유대 종교법에서 '이추드'는 결혼하지 않은 남녀가 사적인 공간에서 호젓하게 있는 것을 금하는 법이다. 하나님과의 연합을 결혼에 비유할 때 하나님이 한 분이시라는 것은 곧 결혼할 상대 이 외의 사람과 한자리에 있어서는 안 된다는 것과 같다. 남편과 아내는 집에서만이 아니라 집 밖에서도 그 정체성을 유지해야 한다. 그것이 부부간의 마땅한 원 라이프이다.

결혼한 사람이 다른 이성과 불건전한 관계를 맺으면서도 집에 와서는 배우자에게 "나는 당신을 사랑한다."고 말한다면 그것이 진정한 사랑이겠는가? 집 안에서 결혼한 남편이고 아내라면 집 밖에서도 한 가정의 남편이고 아내여야 한다. 집 밖에 나왔다고 그 정체성이 바뀔 수 없다. 신앙도 마찬가지이다.

- 때로 집 안과 집 밖에서 나의 삶이 다르듯, 교회 안과 교회 밖에서도 다르지는 않는가? 어떤 점이 그랬는지 적어 보자.

_____
_____
_____

"이스라엘 백성이 이방인과 구별되는 이유는 단순히 영적으로 하나님께 속했다는 것 때문만은 아니다. 실제적으로 그들이 하나님과 맺은 관계의 배타성(=결혼/연합)과 그분에게 '모든 것'을 의뢰한다는 것 때문이다."

_ 모리스 프리드먼(Maurice Friedman)

성경적 유일신론은 우리가 교회를 위한 신, 정치를 위한 신, 경제 활동이나 가정을 위한 신이 각각 따로 있다는 듯이 살 수 없다는 뜻이다. 삶의 모든 것, 그 모든 영역과 모든 차원은 한 분 하나님 여호와 아래에서 통합되어야 한다. 이를 생각할 때 하나님의 유일성(또는 배타성)은 믿는 자들이 삶에서 만들어 내는 모든 우상에 대한 직접적인 도전이다.

- 세상과 구별된 한 분 하나님 아래에서 하나로 통합된 삶을 위해 나는 무엇을 결단해야 하는가?

오늘의 결단

1. 5강을 통해 새롭게 깨달은 내용을 요약해 보십시오.

2. 깨달은 내용을 바탕으로 나는 무엇을 실천할 수 있을지 적어 보십시오.

BOOK

『모든 성도는 이제 인대인이다!』 156-209쪽을 읽고, 새롭게 깨달은 내용을 나누어 보십시오.

다음 주 독서 『모든 성도는 이제 인대인이다!』 213-229쪽을 읽어 오십시오.

6강

모든 사람을 평등하게

환대의 의미를 알고,
환대의 삶을 추구하고 열망하기

S T A R T E R

'환대'라는 단어를 접할 때 우리가 떠올리는 이미지는 이웃에게 식사를 대접하거나 주변 친구들을 집으로 초대해 재미있고 즐거운 시간을 보내는 것이다. 혹은 주일 아침에 교인들을 맞이하고 안내하며 차와 간식을 제공하는 교회의 봉사 부서를 떠올릴지도 모르겠다.

환대를 뜻하는 그리스어는 '필록세니아'(philoxenia)인데, 이는 '사랑'(필리오, phileo)이라는 단어와 '낯선 사람'(세노스, xenos)이라는 단어가 합쳐진 것이다. 즉, 환대는 '낯선 사람을 사랑하는 것'이라고 할 수 있다. 예수님은 유대인들에게 이웃과 친구를 넘어서 이방인들까지 포용하라고 말씀하셨다.

'낯선 사람'이란 단순히 우리가 모르는 사람을 포함해, 알지만 관계가 단절되었거나 소외된 사람들까지 가리킨다. 환대에는 모르는 사람들을 환영하는 실제적인 공간과 환경을 조성하는 것뿐 아니라, 끊어진 관계를 다시 회복하는 것 또한 포함된다. 즉, 환대는 모든 사람을 향한 선한 관심을 두루 일컫는다고 할 수 있다.

- 내 주변에서 낯선 사람은 누가 있는가?

_____

_____

뎁 허쉬(Deb Hirsch)는 이제는 집이 '환영하는 장소'가 아닌 세상의 악으로부터 '가족을 보호하는 요새'가 되었다며 이렇게 말했다. "집은 '우리의 공간'이다. '우리의 공간'으로 누군가를 초대할 때 우리는 그들이 우리가 갖춘 현 상태를 깨뜨릴지, 우리를 불편하게 만들지, 혹은 우리의 안전에 위협을 가할지 여부를 살피며 신중하게 선택한다." 이 말은 곧 낯선 방문자들은 우리에게 스트레스를 준다는 뜻이다. 문화적으로 충분히 이해할 수 있는 현상이다. 그러나 영적인 면에서는 부정적인 결과를 초래하고 말았다.

결과적으로, 가족을 우상시하는 현대 문화는 우리가 지녀야 할 사회적 책임을 소홀하게 만들었다. 이러한 풍토에서 선교와 전도를 위한 환대는 하나님 나라를 확장하는 기회가 아닌 위협으로 여겨진다. 매우 안타까운 일이다. 우리가 속한 가정 공동체는 천국을 미리 맛보고 경험하는 일차적인 장소가 되어야 한다. 그리고 교회는 구원받은 사람들의 공동체가 되어 또 다른 천국 공동체로 세워져야 한다. 하지만 우리의 안전을 위협할지 모를 낯선 사람에 대한 두려움은 어디에서도 환대가 이루어지지 못하도록 상황을 내몰고 있다.

- 위의 글을 읽으면서 느낀 점은 무엇인가?

_____

_____

_____

성경에 비추어 보기

1. 작은 자가 곧 예수시다

마태복음 25장 34-46절

34그 때에 임금이 그 오른편에 있는 자들에게 이르시되 내 아버지께 복 받을 자들이여 나아와 창세로부터 너희를 위하여 예비된 나라를 상속받으라 35내가 주릴 때에 너희가 먹을 것을 주었고 목마를 때에 마시게 하였고 나그네 되었을 때에 영접하였고 36헐벗었을 때에 옷을 입혔고 병들었을 때에 돌보았고 옥에 갇혔을 때에 와서 보았느니라 37이에 의인들이 대답하여 이르되 주여 우리가 어느 때에 주께서 주리신 것을 보고 음식을 대접하였으며 목마르신 것을 보고 마시게 하였나이까 38어느 때에 나그네 되신 것을 보고 영접하였으며 헐벗으신 것을 보고 옷 입혔나이까 39어느 때에 병드신 것이나 옥에 갇히신 것을 보고 가서 뵈었나이까 하리니 40임금이 대답하여 이르시되 내가 진실로 너희에게 이르노니 너희가 여기 내 형제 중에 지극히 작은 자 하나에게 한 것이 곧 내게 한 것이니라 하시고 41또 왼편에 있는 자들에게 이르시되 저주를 받은 자들아 나를 떠나 마귀와 그 사자들을 위하여 예비된 영원한 불에 들어가라 42내가 주릴 때에 너희가 먹을 것을 주지 아니하였고 목마를 때에 마시게 하지 아니하였고 43나그네 되었을 때에 영접하지 아니하였고 헐벗었을 때에 옷 입히지 아니하였고 병들었을 때와 옥에 갇혔을 때에 돌보지 아니하였느니라 하시니 44그들도 대답하여 이르되 주여 우리가 어느 때에 주께서 주리신 것이나 목마르신 것이나 나그네 되신 것이나 헐벗으신 것이나 병드신 것이나 옥에 갇히신 것을 보고 공양하지 아니하더이까 45이에 임금이 대답하여 이르시되 내가 진실로 너희에게 이르노니 이 지극히 작은 자 하나에게 하지 아니한 것이 곧 내게 하지 아니한 것이니라 하시리니 46그들은 영벌에, 의인들은 영생에 들어가리라

- 예수님의 관심사는 누구에게 있는가?(35-36절)

- 예수님은 어떤 모습으로 우리를 찾아온다고 하셨는가?(40절)

예수님의 관심은 '작은 자'에게 있다. 작은 자는 사랑과 관심이 필요한 사람이다. 그러나 작은 자들과 알고 지내며 교제하는 일은 세상적으로 아무 유익이 없어 보인다. 돈을 벌 기회가 생기는 것도 아니고, 출세를 위한 권력을 얻을 수 있는 것도 아니다.

예수님이 작은 자로 오신다니 상상하기 어렵다. 그 시대에도 그랬다. 그러나 우리는 작은 자를 통해 우리가 얼마나 세상적이며 자기 유익만 추구하는 존재인지 발견한다. 하나님이 이 땅에 작은 자를 두시는 이유는 어쩌면 우리의 죄악 된 모습을 보게 하시려는 것인지도 모르겠다.

우리는 오늘, 예수님을 통해 다시 듣는다. 복음은 누구에게나 평등하다. 그러기에 우리는 사람을 평등하게 대하는 복음의 원리대로 살아야 한다.

2. 받기 위해 베풀지 말라

누가복음 14장 12-14절

¹²또 자기를 청한 자에게 이르시되 네가 점심이나 저녁이나 베풀거든 벗이나 형제나 친척이나 부한 이웃을 청하지 말라 두렵건대 그 사람들이 너를 도로 청하여 네게 갚음이 될까 하노라 ¹³잔치를 베풀거든 차라리 가난한 자들과 몸 불편한 자들과 저는 자들과 맹인들을 청하라 ¹⁴그리하면 그들이 갚을 것이 없으므로 네게 복이 되리니 이는 의인들의 부활시에 네가 갚음을 받겠음이라 하시더라

- 누군가를 집으로 초청하는 원리는 무엇인가?(12-13절)

  _____

  _____

- 이러한 원리대로 초청해야 하는 이유는 무엇인가? 예수님은 왜 이렇게 말씀하셨을까?(12, 14절)

  _____

  _____

환대하는 마음으로 하는 초대는 '기브 앤 테이크'(give and take)를 염두에 두지 않는다. 내가 이만큼 하면 저 사람도 이만큼(혹은 그 이상으로) 할 것을 전제하지 않는다는 뜻이다. 예수님은 '복이 되는 초대'가 있다고 말씀하신다. 내가 잘한 만큼 상대방이 잘한다면 이미 서로에게 다 갚았기 때문에 아무것도 남지 않는다. 이는 마치 '제로섬'(zero-sum, 누

구에게도 이득이 되지 않는 상태)과 같다. 복이 되는 초대는 계산하는 마음 없이 긍휼함으로 하는 것이다. 이것이 바로 환대의 본질이다.

3. 마음만 말고 행동으로 하라

로마서 12장 13절
13 성도들의 쓸 것을 공급하며 손 대접하기를 힘쓰라

히브리서 13장 1-2절
1 형제 사랑하기를 계속하고 2 손님 대접하기를 잊지 말라 이로써 부지중에 천사들을 대접한 이들이 있었느니라

베드로전서 4장 9절
9 서로 대접하기를 원망 없이 하고

- 환대는 단지 좋은 마음만 갖는 것이 아니라 실천하는 것이다. 이를 나타내는 단어를 위 성경 구절에서 찾아보자.

- 마음만 있고, 실천하지 못하는 것이 있다면 무엇인가?

일상에서 환대를 어떻게 실천할까?

- 당신이 속한 공동체(가족, 교회, 일터, 학교 등)에서 당신의 환대로 격려 받을 수 있는 사람들의 목록을 만들어 보라.

- 집으로 사람들을 초대해서 식사나 차를 대접하라(정기적인 시간을 정하고 계획을 세울 수 있으면 더욱 좋다).

- 교회 모임이나 예배 후 식사나 차를 함께하자고 초대하라. 때로는 집 밖에서 만나는 것이 더 편하고 자연스러울 수 있다.

- 도움이 필요한 사람들의 목록을 만들어 보라(아이를 양육할 때 도움이 필요한 사람, 수술 후 회복 중인 사람, 차로 이동이 필요한 사람 등).

- 집에서 멀리 떨어져 살고 있는 대상들을 찾아보라(대학생이나 군인, 직장인 등).

- 환대가 항상 집 안으로의 초대일 필요는 없다. 지역 양로원이나 미혼모 보호소, 재소자나 소년원 등을 방문해 환대를 베풀 수 있다.

6강을 마무리하며

사회학자 레이 올든버그(Ray Oldenburg)는 '제3의 장소'(The Great Good Place)라는 표현을 만들고 동명의 책을 썼는데, 그 책에는 이런 부제가 달렸다. "카페, 서점, 술집, 미용실 등 당신이 머무는 그 밖의 공간" (*Cafes, Coffee Shops, Bookstores, Bars, Hair Salons, and Other Hangouts at the*)

올든버그가 정의한 제1의 장소는 가족과 함께 사는 집이다. 제2의 장소는 우리가 일주일 중 많은 시간을 보내는 일터 혹은 학교이다. 제3의 장소는 두 장소 외에 정기적이고 자발적이며 또는 비공식적으로 사람들이 모이는 공공의 장소이다. 이 장소에는 긴장을 풀고 다른 이들과 만나고 어울리며 서로 알아갈 기회가 있다.

- 나에게는 제3의 장소가 있는가? 창의적으로 이런 공간을 만들고 참여하는 데 노력을 하고 있는지 돌아보자.

제3의 장소가 가진 8가지 특징

1) 중립지대이다 :
　사람들은 원하는 대로 자유롭게 이 장소에 오고갈 수 있다. 방문이 허락되는 시간이나 방문증이 따로 필요 없다.

2) 모두가 평등하다 :
　각계각층의 사람이 제3의 장소에 모인다. 그곳에는 사회적, 경제적, 지위적 장벽이 없다.

3) 대화가 주요 활동이다 :
　이야기는 활기차고 고무적이며 다채롭고 매력적이다.

4) 접근하기 쉽고 편리하다 :
　대부분 집에서 걸어갈 수 있는 거리에 있어서 접근이 편리하다.

5) 단골손님들이 있다 :
　방문하는 사람 대부분이 그곳의 단골손님이다. 물론 다른 장소와는 달리 처음 오는 사람들도 여기에서는 환영을 받는다.

6) 눈에 띄지 않는다 :
　이 장소들의 외관은 일반적으로 소박하며 그리 인상적이지 않다.

7) 분위기가 명랑하고 재미있다 :
　음식, 음료, 게임 그리고 대화가 있어서 분위기가 가볍고 쾌활하다. 이런 분위기가 사람들로 하여금 더 오래 머물게 하고 계속해서 다시 오고 싶게 만든다.

8) 타지 생활을 하는 사람들에게 집이 되어 준다 :
이 장소에는 사람들이 집처럼 편안하게 느끼는 곳이 있다. 사람들은 이곳에 속했다고 느끼며, 보통 이 공간에 대한 주인 의식을 지닌다.

- 지금 우리 교회는 이 역할을 하고 있는가? 믿음의 공동체인 교회가 어떻게 바뀌어야 할지 나누어 보자.

오늘의 결단

1. 6강을 통해 새롭게 깨달은 내용을 요약해 보십시오.

2. 깨달은 내용을 바탕으로 나는 무엇을 실천할 수 있을지 적어 보십시오.

BOOK

『모든 성도는 이제 인대인이다!』 213-229쪽을 읽고, 새롭게 깨달은 내용을 나누어 보십시오.

이제 인대인을 향해

지금까지 『인대인 스타터』를 통해 인대인의 성경적 근거를 공부했다면, 이제 『이야기로 본 인대인 삶 바꾸기』 3단계 양육 과정을 통해 인대인의 정신을 삶의 자리에서 실제로 구현할 차례이다.

인대인은 성경적 지식과 이론만을 공부하는 또 하나의 성경공부 과정이 아니다. 성경의 내용은 많이 알고 있지만 일상에서 실천하지 못하는 그리스도인들을 돕기 위한 목적으로 기획된 양육 과정이다.

'앎의 부족'보다는 '삶의 부족'으로 인해 어려움을 겪는 성도들이 인대인 양육 과정을 통해 그리스도의 진정한 제자로 회복될 수 있기를 바란다.

| 단행본 |

모든 성도는 이제 인대인이다!

다음 세대를 위한 제자훈련과 삶으로의 전도를 제시하는 인대인(人對人), 한 명의 온전한 교회 되기 프로젝트를 소개한다.

| 이론편 |

인대인 스타터 : 인대인 제자훈련의 성경적 토대

세상으로 보내지기 위해 부르심을 받은 성도의 정체성을 확인하는 성경 공부

| 양육 교재 |

1단계　나의 이야기 : 자신의 인생을 새롭게 해석하기

지난날 하나님과 만나온 삶의 여정을 되짚어 본다. 하나님이 나에게 일하신 흔적을 발견함으로써 자기 자신과 화해하고, 더 나아가 다른 이들의 인생을 소중히 여기게 하는 과정이다.

2단계　그분의 이야기 : 복음의 정신을 실제 삶에 적용하기

복음의 원리, 은혜의 원리가 내 삶에 얼마나 확고하게 작동하고 있는지 확인한다. 사람들이 내가 가진 복음이 무엇인지 물어볼 때 확실하게 '내 복음'을 말할 수 있도록 준비시켜 주는 과정이다.

3단계　우리의 이야기 : 세상의 사람들과 동행하기

일상 속 마치 투명인간처럼 무심하게 스쳐 보낸 사람들을 의미 있고 소중한 존재로 살려낸다. 내가 경험한 복음이 이러한 관심을 통해 다른 사람에게도 '구원의 이야기'가 되고, 그렇게 우리의 이야기를 만드는 과정이다.

| 실천편 |

인대인 A/S : 배운 것이 생활이 되게 하는 Action & Support

양육단계를 마친 성도들에게 이제 자신의 생활터전에서 투명인간과 같던 사람들을 어떻게 살려낼지 구체적인 실천 목표와 행동 지침을 제시한다. 성공과 실패를 나누며 함께 기도할 '지지 그룹'을 만들어 인대인을 동행함으로써 지속적으로 삶을 바꾸는 과정이다.

NOTE

사명선언문

너희가 흠이 없고 순전하여……세상에서 그들 가운데 빛들로
나타내며 생명의 말씀을 밝혀 _ 빌 2:15-16

1. 생명을 담겠습니다
만드는 책에 주님 주신 생명을 담겠습니다.
그 책으로 복음을 선포하겠습니다.

2. 말씀을 밝히겠습니다
생명의 근본은 말씀입니다.
말씀을 밝혀 성도와 교회의 성장을 돕겠습니다.

3. 빛이 되겠습니다
시대와 영혼의 어두움을 밝혀 주님 앞으로 이끄는
빛이 되는 책을 만들겠습니다.

4. 순전히 행하겠습니다
책을 만들고 전하는 일과 경영하는 일에 부끄러움이 없는
정직함으로 행하겠습니다.

5. 끝까지 전파하겠습니다
모든 사람에게, 땅 끝까지, 주님 오시는 그날까지
복음을 전하는 사명을 다하겠습니다.

서점 안내

광화문점　서울시 종로구 새문안로 69 구세군회관 1층
　　　　　02)737-2288 / 02)737-4623(F)

강남점　　서울시 서초구 신반포로 177 반포쇼핑타운 3동 2층
　　　　　02)595-1211 / 02)595-3549(F)

구로점　　서울시 동작구 시흥대로 602, 3층 302호
　　　　　02)858-8744 / 02)838-0653(F)

노원점　　서울시 노원구 동일로 1366 삼봉빌딩 지하 1층
　　　　　02)938-7979 / 02)3391-6169(F)

분당점　　경기도 성남시 분당구 황새울로 315 대현빌딩 3층
　　　　　031)707-5566 / 031)707-4999(F)

일산점　　경기도 고양시 일산서구 중앙로 1391 레이크타운 지하 1층
　　　　　031)916-8787 / 031)916-8788(F)

의정부점　경기도 의정부시 청사로47번길 12 성산타워 3층
　　　　　031)845-0600 / 031)852-6930(F)

인터넷서점　www.lifebook.co.kr